*Série de livres illustrés classiques
sur les groupes ethniques du Yunnan*

La légende de la
Source aux papillons

Sunshine Orange Studio

Traduit par Agnès Belotel-Grenié

Books Beyond Boundaries

ROYAL COLLINS

La légende de la Source aux papillons

Sunshine Orange Studio
Traduit par Agnès Belotel-Grenié

Première édition française 2023
Par le groupe Royal Collins Publishing Group Inc.
BKM Royalcollins Publishers Private Limited
www.royalcollins.com

Original Edition © Yunnan Education Publishing House Co., Ltd.
All rights reserved.

Aucune partie de cette publication ne peut être reproduite, stockée dans un système de récupération de données ou transmise, sous quelque forme ou par quelque moyen que ce soit, électronique, mécanique, ou autre, sans l'autorisation écrite de l'éditeur.

Copyright © Royal Collins Publishing Group Inc.
Groupe Publication Royal Collins Inc.
BKM Royalcollins Publishers Private Limited

Siège social : 550-555 boul. René-Lévesque O Montréal (Québec) H2Z1B1 Canada
Bureau indien : 805 Hemkunt House, 8th Floor, Rajendra Place, New Delhi 110 008

ISBN : 978-1-4878-1193-8

À Dali, dans le Yunnan, il y a un lieu touristique célèbre, appelé Source aux papillons. On peut y voir une arche commémorative en marbre de Dali avec trois caractères chinois, 蝴蝶泉 (signifiant Source aux papillons), calligraphiés par le célèbre écrivain de l'époque moderne Guo Moruo. À l'ombre des arbres, une source claire coule toute l'année, entourée de marbre blanc pur de Dali.

Un grand et ancien arbre à papillons pousse au printemps. Étonnamment, chaque année, au milieu du quatrième mois du calendrier lunaire, d'innombrables papillons se rassemblent ici, relient leurs corps et s'étendent de l'arbre à l'eau. Pourquoi tant de papillons viennent-ils ici à cette époque de l'année ? La réponse se trouve dans une belle légende.

蝴蝶泉

On dit que le nom original de la Source aux papillons était Étang sans fond. Un homme nommé vieux Zhang qui était bûcheron, vivait près de l'étang avec sa fille Wengu. Le père et la fille dépendaient l'un de l'autre et menaient une vie difficile mais heureuse.

Un jour, le vieux Zhang et Wengu allèrent dans les montagnes pour couper du bois de chauffage. Soudain, Wengu vit un jeune cerf blessé courir vers elle. Le cerf tomba au sol en pleurant.

Wengu se pencha pour voir ce qui n'allait pas et trouva une flèche dans le corps du cerf. Au bout d'un moment, un jeune chasseur arriva en courant, avec un arc et une flèche dans les mains.

Wengu serra le cerf dans ses bras et supplia le chasseur de la laisser s'en occuper. Le chasseur, qui s'appelait Xialang, accepta la demande et sortit même un médicament de sa trousse de secours pour l'appliquer sur la blessure. Xialang et Wengu eurent le coup de foudre.

Par la suite, les deux jeunes gens qui se retrouvaient toujours près de l'étang et chantaient ensemble tombèrent amoureux. En gage de son amour pour Xialang, Wengu lui offrit la « broderie aux 100 papillons » qu'elle avait brodée elle-même.

À cette époque, la ville de Dali était dirigée par le roi Yu, qui admirait depuis longtemps la beauté de Wengu. Un jour, il demanda sa main au vieux Zhang, mais Wengu refusa.

Le roi Yu ne supporta pas d'être rejeté par Wengu. C'est alors qu'un des assistants du roi eut une idée : ils ordonnèrent à Wengu de se rendre au palais pour faire une broderie avec 100 papillons. Lorsqu'ils l'amèneraient au palais, elle y resterait prisonnière.

Peu après, les soldats du roi assiégèrent la maison du vieux Zhang. Wengu comprit le plan diabolique du roi et refusa de quitter sa maison. Le vieux Zhang et Wengu n'eurent pas d'autre choix que de combattre les soldats.

Le jeune cerf ayant vu cela courut immédiatement dans les montagnes à la recherche de Xialang. Il prit la ceinture de celui-ci dans son mufle et le traîna en bas de la montagne.

Lorsque Xialang arriva chez le vieux Zhang, il le trouva gravement blessé, allongé sur le sol et mourant. Mais avant de mourir, le vieux Zhang raconta tout à Xialang. En entendant ce qu'il s'était passé, Xialang fut très en colère ! Il enterra le vieux Zhang, prit son arc, ses flèches et son épée, et galopa sur son cheval jusqu'au palais du roi Yu pour sauver sa dulcinée.

Lorsque Xialang arriva au palais, il vit que les hauts murs étaient très bien gardés, alors il se cacha près du mur et attendit la bonne occasion. Cette nuit-là, bien que les lanternes des hautes tours fussent allumées, Xialang put se faufiler dans le palais à la faveur de l'obscurité.

Il y avait d'innombrables pavillons et couloirs sinueux dans le palais du Roi Yu. Xialang n'était jamais allé au palais. Comment pouvait-il trouver Wengu ? Peu après, il se perdit. Il sortit sa « broderie aux 100 papillons » et juste à ce moment-là, il put entendre une légère chanson au loin. On aurait dit la voix de Wengu !

Le moral de Xialang remonta en flèche,
et en suivant le son de la chanson, il
continua à chercher Wengu. Comme
il devait rester à l'écart des patrouilles
des gardes du palais du roi, il avançait
à pas lents. À chaque pas, Xialang
devenait de plus en plus anxieux.

Finalement, la chanson conduisit Xialang à un pavillon séparé. Xialang leva les yeux, les lumières du pavillon étaient vives. Il pouvait entendre une voix autoritaire qui ne cessait d'interroger Wengu. Mais Wengu ne répondait pas. Elle continuait juste à chanter la chanson familière. Comment Xialang pouvait-il s'introduire dans le pavillon pour sauver Wengu ? Instinctivement, il savait qu'il y avait trop de gardes dans la pièce, il devait se calmer et attendre le bon moment. À chaque minute, il devait attendre. Il avait l'impression qu'un couteau aiguisé lui poignardait le coeur.

Finalement, le Roi Yu, en colère, partit avec ses gardes. Xialang poussa la porte et se précipita rapidement dans la pièce. Wengu était suspendue à une corde !

Xialang coupa la corde, souleva
Wengu, la mit sur son dos et se
précipita hors du palais.

Les gardes de la patrouille découvrirent Xialang et Wengu alors qu'ils s'échappaient. Ils commencèrent à les poursuivre et firent tout ce qu'ils pouvaient pour les tuer. Xialang se battit jusqu'au bout et bientôt, l'ensemble de son corps fut couvert de blessures plus ou moins importantes.

Finalement, Xialang et Wengu arrivèrent à l'Étang sans fond. Xialang n'avait plus de flèches et son épée était cassée. Ils n'avaient aucun moyen de sortir, ils étaient encerclés par les gardes du Roi Yu.

Ne trouvant nulle part où aller, Xialang et Wengu se regardèrent et sourirent. En chantant leur chanson, ils sautèrent dans l'Étang sans fond. Soudain, une paire de papillons colorés s'envola hors de l'étang. D'innombrables petits papillons colorés suivaient le couple de papillons. Les gens crurent que le grand couple de papillons colorés était l'incarnation de Xialang et Wengu, et que les petits papillons provenaient de leur preuve d'amour : la « broderie aux 100 papillons ». La scène était colorée et spectaculaire, et l'Étang sans fond fut rebaptisé Source aux papillons.

Chaque année, au milieu du quatrième mois du calendrier lunaire, les Bai se réunissent à la Source aux papillons. Ils chantent et dansent avec des papillons tout autour pour commémorer Xialang et Wengu.